JN411590

직선적 발자국

전학춘 시조시집

시와사람

국립중앙도서관 출판사도서목록(CIP)

직선적 발자국 : 전학춘 시조시집 / 지은이: 전학춘.
-- 광주 : 시와사람, 2015
p. ; cm

ISBN 978-89-5665-427-0 03810 : ₩8000

한국 현대 시조[韓國現代時調]

811.36-KDC6
895.715-DDC23 CIP2015020687

직선적 발자국

반 추

전 학 춘

다락에 코피 쏟으며
난생 처음 쓴 러브레터
냉소 젖은 독후감 대신
봉투 꿰매 되돌려준 소녀

오십년
소처럼 삼킨 세월
허리 휜 반추로 할까

■ 시작노트

전주 변두리에서 오래 살다 가족들
시내 쪽으로 방을 얻어 이사했다.
고2 때였고 옆집에 같은 학년의 여학생이 살았다.
명문고의 배지와 얼굴 수려했다.
직접 고백을 못하고 끙끙 앓기만 하다
러브레터를 한 번 써보기로 작정했었다.

살면서 가끔은 그 소녀가 떠올랐다.
인간에게 추억은 참 눈물겨운 감정이다.

■ 시인의 말

이 3권이 끝이 아니길…
지난 번(2권) 때도 그런 마음 있었다
부끄럽지만 상재하니 조금 가볍다

쓰는 것을 놓치지 않아야겠다
양과 질 더불어 공존하고
진실한 자연과 사물의 말 붙들어
글로 적으며 살고 싶다.

2015년 초여름
전 학 춘

직선적 발자국/차례

1 조팝나무의 봄

2 공중 트리플

3 푸른 단풍

4 겸손의 미학

1

조팝나무의 봄

그늘 없는 미술관

너무 환하지 않고 되레 어둡지 않고
하얀 명주에 되풀이 덧칠한 물감 같이
파랗고 붉은 색들이
겸손히 널려있다

발랄한 생기보다 굼뜬 무거움 추앙하며
빛의 공간들을
사랑으로 껴안은 채
반백의 머릴 떠받혀 흩어진 생들 조우한다

산비탈 로댕처럼 앉아 숲새들의 합창 속에
벽장 고인 푸른 잎 털어 주춧돌 세웠다는
옻칠과 나전의 후예들,
독야청청 빛이다

직선적 발자국

함성처럼 파도소리 밀려오는 바다
검정 새 한 마리 하늘로 솟아오른다
한 올의 막힘이 없는
순결한 비상의 길

낯 선 천정 길을 빗물처럼 질주하며
계절 따라 돋아난 물정 어린 날개 펼쳐
공중의 삶 찾아가는 직선적 발자국들

까마득히 멀어도
약속 없는 끝 길에서
시간 떠난 시간을 더 이상 동냥할 수 없고
헐거운 날개 붙안고 귀향 길 차비 한다

비 오는 그믐처럼 바위섬 적막하고
털갈이한 철새들 수평선 떠나는데
해거름 거친 파도 위
작은 새 떼밀려 간다

이삿짐 전문의 말

면적 초과로 쓰러지는 책과 옷가지들
-젊은 축은 쉬 버리는 것
  노년은 다 싸들고 가,
언젠가 더 읽고 입을 것 같은
믿음을 품는 거야

단풍의 하늘편지

농부들의 콤바인 같은
찬가소리 나무 울린다
푸르뎅뎅한 머리칼에 붉은 옷 차려 입고
계곡 길 홀몸 흔들다 젖히는
노파의 가락이다

장대한 소나무 밑 맥없이 주눅 든 생
봄여름 등산객 옷깃
한번 씩 떨구고 가면
가을엔 가을로 와주세요
한껏 차릴게요, 첨하고

넌 전부턴 자잘한 야생풀들 치고 올라와
입 무건 가뭄뿌리
턱 밑의 피를 밝혔지
흔연히 눈 치켜뜨며
추운 하늘 염원했어

운 때 되니 북녘 설악 지붕차 붐빈다 하고
건너편 산사대웅전 사진기들 터뜨린 날
자손들 세상이치 훈수하며
띄우는 하늘편지다

물레방아

–함양에서

옛날, 떠나간 지평 돌아올 약속 없는 곳
거인의 고적 향수 찾은 유람객들 발길 앞
천천히 우람한 바퀴 돌아가고 있다

절구 맷돌 찧지 못해 보리곡물 썩히던 시절
목 타는 농민들 앞에 출현한
새 탈곡기,
하루 일, 반시간 해치우니 얼마나 혁신인가

청나라 북경 열하 땅
기행 옮기며 본
수차,
타국의 것, 우리 것에 맞춘 개량 수입으로
농촌을 솟대처럼 하늘 세운
선비 현감 '박지원'

어언 이백여 성상 푸른 산천 저물어도
그 자리 몸 지켜 물길 돌리는
물레방아,
오늘도 연암정 끼고 서서
세상을 찾고 있다

가을 산

썰물 물린 천막촌 같이 원색들 박혀 있네
폭풍에 몸 지키려 몸 비튼 정자목처럼
나뭇잎 하늘 버린 채 계절에 머리 맡기네

빨갛게 덧칠한 알몸
젊음 세일하는 놈
노랗게 볶은 머리로
볶은 시절 회개하는 놈
퍼렇게 꺼진 눈으로
사부곡 조아리는 놈

하루 위해 한 해를 거른 색동 설빔처럼
형형색색 표정들 산 끝 날으는 구름이고
생명의 깊은 터전 지킨
섬섬옥수 유산이네

벌 집

나무줄기에 열매처럼 매달린 노란 벌집
푸른 잎들 사이로 다섯 칸의 동그란 홈
머리 위 한 뼘 높이에 늠름한 저택이다

옛날 볏짚지붕 비도 흘리는 단칸방
부모님하고 동생들 굴비처럼 엮여 자면
어쩌면 어르신 부딪는 소리 잠 설치기도 했어

그땐 몸 길게 펴 눕고 싶었지, 오늘엔
벌들도 방 다섯에
형제 각각 자유대로 사네
할베는 몸 닿아 부딪던
옛날이 그리운데

첫눈

북녘서 태어났다는 신비의 겨울 나그네
수백 대 쇠갈비 한입 치운 폭식가처럼
대지들 하룻밤 사이
품안 가득 수렴 했네

몸 털린 나무들 목젖 틀어져 입 닫고
물정 없이 눈망울만 떠있는 타국처럼
새벽 길 흔적 파문은
제왕 같은 눈을 보네

산정에 갇힌 계절

땅위로 놔주지 않는 연유를 모르겠어요
하늘과 어둠이 무인섬처럼 윤회하면
집 나간 입춘 전령을
해후할 줄 알았지요

이른 새벽 심통 죽여 산정을 살펴봤어요
후미진 잔설 모퉁이
기죽은 햇살 갇혀있고
입 닫힌 거무튀튀한 구름
파수꾼처럼 지키데요

내 푸성귀들 햇볕 없어 냉해라도 들었을까
뒤란 수용소에서 깨나는 고아들처럼
풀 없는 새순머리에 더운 입김 불어줬어요

불 꺼진 불 반추하는 휴전선 철조망 같은
삼엄한 하늘이여
우리 계절 풀어 주셔요
비탈 위 흐드러진 봄꽃
우리 만나야 해요

봄철 바다는

바다는 봄철 바다는 사람을 젊게 만든다
사나운 파도 보다 고혹한 물결 가득한
시퍼런 수평 바라보면 나도 더불어 시퍼렇다

바다는 봄철 바다는 사람을 모이게 한다
고깃배 몇 척 너른 해역 띄워놓고 마실하면
유심한 담고 싶은 사람들 사진기 열어 바쁘다

바다는 봄철 바다는 갯마을에 올레길 차려
메뚜기도 한철이라는 구관의 명언 모시고
허투루 손들 쏘다니지 않게
섬 같은 계절 꾸민다
용감한 타향의 몸들 다이어트 시키기 위해
원조 오십년 맛 집에 노래타운 모텔 갖췄다
한바탕 호주머니 줄면 심야엔 체중을 턴다

바다는 봄철 바다는 메뉴 없이 쫓기는 몸,
먼 하늘 내보이며
갈 곳 없고 누일 데 없이
딛고 선 이 발끝이 내려놓을
내 쉼터란 걸 일러 준다

안개나라

붉은 태양 등지고 고개 숙인 나룻배 하나
태풍 떠난 빈터에 산 입 줄여 내쳤는지
며칠째 기우뚱대며
썰물 끝 유랑한다

물결처럼 헤매는 게 바다도 짠했는지
고향이 서쪽 섬이라는 어린 파도 찾아와
희미한 모서리 곁에 푸른 물 끼얹고

지평선 하늘과 맞닿은 곳 우뚝 선
송신탑은 반짝이는 별들의 유희처럼
어둔 밤 등대 불 띄워
해우소 밝혀준다

간밤 메마른 관절 더운물 희원하고
헐거운 동아줄 묶인 손목들 풀어내어
해거름 저녁놀 너머
안개나라 찾아간다

어떤 조각공예

손끝 부딪고 있는 남녀의 목공예품
울룩불룩한 누드로 나란하게 서있는 게
탄산수 뚜껑열린 듯
어설픈 정립이네

뒤란의 색다른 커플,
눈 맞대어 겹쳐있네
눈치 챈 아랫도리 응근히 산령 오르고
하여튼 남과 연 맞닿아지
옆 옆에 서있으면 그게

조매화

여남은 가구들 사는 뫼 넘어 청상과부 같은
헛헛한 기운 첫새벽 햇살 들여 털어내며
늦겨울 상록엽들 딛고 핀
적동백 한 송이

나비도 벌도 날지 않는 냉냉한 엄동절에
흙더미 속 열흘 넘어 목숨 구원한 생처럼
자연은 출출한 땅에 신비를 떨구었다

예부터 천생연분 끌어 팔자를 펴라 했던가
호시탐탐 남의 자궁 속 단꿀 넘보는 생과
개화의 꿈을 향한 교섭은
천혜 같은 축복인가

생의 인연 사랑하다 정액인양 붙은 생존의 결
얼굴 없는 꽃말 수정에 천수 누려 핀
조매화,
동박새 양수걸이 축복 엶
잠 깬 계절 웃고 섰다

조팝나무의 봄

주인 아닌 땅,
거침없이 하얀 꽃들 피워내면
나비와 벌들 날아와 한 번씩 몸 주고 가고
석양엔 임자 찾아와
고웁다 사진 찍고 가네

지붕 위의 태양

항상 머릿결 위 지붕에만 떠있는 당신
붉은 얼굴 눈높이 맞춰 입맞춤 한 적 없고
오른 팔 길게 벌이면
벌써 깜깜한 밤이지요

어느 아침 골방에 엎드린 몸 일깨워
뜨거운 입김 불며 다독이기도 했던 당신
별 뜬 밤 호랑이 가죽 차고
돌아올 거라며 떠났지

서녘 귀성하는 혼미한 체취 좇아
갈매기 날개 접는
어둔 수평선 올라
잡힐 듯 잡히지 않는 환상
품 안겨올까 숨죽이는

추월산 단풍절경

부여 삼천궁녀 둔 의자왕을 세다 했었는데
수억의 꽃에 묻힌 팔각정이란 사내
밤새워 거느리려면, 강물
파이프로 수입해야겠네

하얀 손수건 속의 기도(祈禱)

뜨기 싫어 뜬 눈 하얀 손수건에 안긴 채
엉켜붙은 붉은 피 용서하는 표정으로
호젓한 푸른 강가에 여명(黎明)처럼 서 있는

깜깜한 연못 속에 어디가 햇빛인지
알 수 없는 시간들 몸 흔들어 비우고
잠궈진 유리문 터뜨리는 첫새벽 말발굽 소리

신비한 것은 늘 먼 곳에서 오는지
동그란 큰 눈 한번 맞춰오면 심산계곡
물안개 내뿜는 산소처럼 머리칼 황홀하다

노란 산수유 울창한 광야의 진주처럼
서녘 푸른 깃발 흔들고 선 내 영하* 보며
우뚝 선 킬리만자로의 첫눈 같은 은총 있기를,

*화자의 손자

최고투수

검은 점퍼의 젊은이가 휠체어 앉아 옮긴다
작년 까지 너른 경기장 조명 받던 선수가
부상한 왼 어깨 수술로
재활 마운드 머문다 하네

데뷔 하며 최고의 신인, 선수, 투수 타이틀
트리플크라운 달성한 우리의 선수인데
올림픽 결승에서 뿌리던
낮은 공 역력한데

선진국 최고의 팀, 선택 받은 제3 선발투수,
LA 경기 날엔 티브이 찾아 미련 쏟았는데
금년은 파란 줄 유니폼 아닌
백수의 맨몸이라 하네

국내 칠년 1269이닝을 책임 하던 괴물
고교 결승 222개의 공을 뿌린 경기기록
한쪽 팔 기브스 한 몸
지존의 영광 덧입힐까

수술 잘 됐다, 불투명하다, 말, 말들
친구야!
'두려움 없다' 강변하며
허우대 굽히지만 말고
통명한 하늘 향해 처음의
내 몸 주세요, 외쳐나 보렴

어느 감독의 말

야신의 2군 팀이
타 1군을 이겼다 하네.
만년 바닥의 팀 감독 취임하며한 그 말,
  -프로가 꼴찌 하는 것보다
   더 창피한 게 어딨어

2

공중 트리플

두루미의 포토 시그널

'한탄강은 평화로웠네'
두루미의 오후 한나절
새끼들에 학춤과 찬가 전수하는 어미,
물속의 먹이 잡는 법 함께
생의 과목들 펼쳐진다

그곳도 잡아먹는 자와
먹히는 자 공존하고
처절의 삶 부딪는 곳에
평화도 끼어있다
지구는 삶과 죽음, 있음과
없음의 진열장이다

사진 한 컷

너른 호수 배경으로 찍힌 사진 한 컷
여잔 전체 몸을 떠맡겨 밀착 시키고
남성은 고개 앞으로 숙여
떠는 허리 껴안고

입 닿으려 까치발 딛고 안기는 턱과 가슴
여(女)는, 사내에게
한껏 내주는 본능 있지
그런데 황혼 되도록 난,
여의 뭘 안았을까

공중 트리플

하얀 학 둥근 날개 펼치고 춤을 춘다
텅 빈 땅 퍼붓는 소낙비 같은 함성들
세상을 현미경으로 재단하다 나왔는지

한 번도 가본 적 없는 숨죽인 하늘 가
소녀가 발견한 바다에 넋들 빠져들고
무인 섬 장중한 고요가 소름을 몰고 온다

발목에 적힌 전설 시린 바닥 불태워
돌리고 돌린 공중 트리플,
처녀막 터뜨린 날
열 다섯 빙판 밖 세상을
구름 끝 띄워보냈다는

작은 크루즈 한척 너른 바다 유영하며
피아졸라의 〈아디오스 노니노〉
마법의 탱고 빠져나오고
칠분의 창대한 비상,
인간들 질식했다

꾀꼬리의 입들

전선줄 같은 나뭇가지에 발가락 매단 채
날아온 어미 입 향해 포효하는 다섯 새끼들
날 벌레,
어느 구멍 쑤셔 넣어
주둥이본능 추켜줄까

말(馬)

지평선 돋은 언덕길 늠름히 걷는 말들
어디서 태어나 여기까지 오게 됐는지
위엄의 상현 같은 체구가
시선을 거두는구나

말(馬)아, 너의 곡선은 하늘이 손수 빚어주던?
큰 눈 긴 목,
아침처럼 윤기 나는 몸매
당당한 네 다리 딛는 걸음의
움직이는 햇살 같은

말(馬)아, 한밤 눈꽃처럼 열린 너의 자태
너의 너른 등에 한번 태워줘 보렴,
생큼한 금빛 내음 맡으며
내 말띠의 얼 섞이고 싶다

그밤의 한강교는 너무 멀었다

차는 북 방향으로 묵묵히 옮겨갔다
흘러가는 창 쪽을 한번 씩 눈길 주면
그 자리 오랜 고향처럼 산천이 서있었다

두뇌 적힌 숫자 꺼내
혹여 밟힌 답? 폰 두드리면
침묵이 처방이란 걸 보청기는 일러주고
커다란 청소차처럼 영혼을 거둬갔다

기억 물린 귀성열차는 어떻게 해후하는지
남의 가택 기생한 원전 뽑아 바닥 훔치면
닳아진 왼 무르팍은 어느 지하 눕힐까

뵈는 것 보려 눈 뜬 생명에
한밤 내주는 포장마차
흉금 젖은 고요 속
숨죽은 첩첩 빈 병들
그리운 가고 싶은 마포대교
다리 힘이 너무 비었다

노익장의 예술

소리 크지 않아도 경쾌하고 부드럽다
어느 자선단체의 양로시설 위문공연,
색소폰 팔십사 세 음악인의 아름다운 연주

담백한 목소리의 칠십일 세 가수 권 있다
무대 위 연주자와 시청자가 완성한
머리 흰 노익장의 화음, 최후의 만찬이다

뒷전에서 묵묵히 치는 칠십사 세 아코디온
출연사례금 거절하는 대범함이 부럽다
황혼의 여유와 예술, 무겁고 두려워진다

약장사

들뜬 첫새벽 관광버스
자선여행 주차장

친구 갑자기 하 수상타며 삼십육계 놓네

살아선 못 빠져나오는 그곳,
노년용 만병특효약 판다는

사랑

-퐁네프의 연인들에서

긴 허구보다 짧은 게 좋아
죽음 종말도 괜찮아
부자가 죄 벗고서 피는
꽃의 아름다움도 있어
밑바닥 '퐁네프의 연인들'
가난하고 멋지잖아

미셸이 한쪽 눈 불구가 아니었다면
알렉스가 가난한 노숙청년이 아니었다면
그토록 허기진 사랑을 만날 수 있었을까

절뚝거리며 외투도 없이 맨몸인 사내가
먼 꿈과 사랑, 안보이는 눈,
흔들리는 여인에게
던진 말 "넌 너무 겁이 많아"
용기와 사랑, 멋지다

반짝이는 훈장

타오르는 횃불과 연막탄 섬광 사이
파란 물방울들 풍선 되어 공중 날고
환하게 백마 탄 기사
밧줄 타고 내려온다

홍시처럼 요염하게 어깨 매달린 훈장들
구름 물린 태양에게 터뜨리는 폭죽이고
어깨에 꽂힌 장식들
눈 거두기 숨차다

여명 사랑하며 흙 위에 새긴 발자국들
해거름 배회하는 머리 굼뜬 백발도
꿈같은 지평 끝 향연
동행할 수 있을까

브라질(월드컵) 3, 4위전

펠레 적부터 노란유니폼
내 정을 흔들곤 했다

아마존 삼림 같은 장웅하고 빽빽한 객석
파란하늘 삼층 띄우는 파도타기 애드벌룬
머리 큰 골잡이 사각 근처라도 얼씬하면
솟대처럼 드럼 치며 넋 쏟는 여성들
빨갛고 하얀 얼굴, 형형색색 분장하며
얼마나 많은 환희와 순간 염원 부었을까
시간 기울어 다리 거둔 삼바축구 틈새로
푸른 눈 예쁜 콧구멍 제 혼자 눈물 젖고
너른 경기장 작별하는 표정 떠난 표정들

골 한골,
그 선수* 없인 그렇게
머나먼 바다였니?

*네이마르 : 8강전 당한 척추부상으로 결장했고 브라질은 네덜란드에 3:0으로 졌다.

실버헬스장

이십 년 헬스 다니며 건강과 친밀 했어

오십 평 이층에 기구 몇 몇 벌쯤 있고
도장에 사오 명 모여 반나절 몸체 운동
들었다 놨다 두세 번 적당히 움직이며
기구들 성능 따라 긴장 없이 돌았었지.

여긴 넓기도 한 공간 백여 명 꽉 차있어
오전 오후 팀 입실하면 기구마다
남녀 줄줄이 대기 하며 줄서 있어
런닝머신, 자전거는 한시간을 기다려 해

몸 바쳐 운동으로 불튀기는
칠팔공 밤새안녕 세대들.

뿌연 봄

겹겹이 밀려오는 생경한 얼굴들
거실 데스크 위 결재 안한 고지서 같은
각막을 파고드는 뿌연 경직
몸 부딪혀 걸어본다

구름 없으니 새라도 날아야할 하늘인데
거무튀튀한 나무들
계절 없는 계절이고
가지 끝 매달린 추위 바람처럼 맨몸이다

구르는 돌들 따라 발바닥 찍어볼까
벗고 싶은 추위인데 맞닥뜨릴 온기 없고
어느 봄 타향 같은 가뭄 길
하루 해 발 묻는다

피붙이

귀퉁이 헐어 쭈글쭈글한
사진한 장 앞에 모여
넘고 갈 몇 십 년 구원이라도 있는 것처럼
손들어 회상의 창 껴안고
숨찬 숨 부딪는다

큰 기둥 쓰러진 자리 피폐한 빈터에
눈망울 큰 토끼들 부대낄 마련도 없이
어느 밤 눈 깨어 보니
주춧돌 사라졌다

연신 꾸벅대며 조아리는 하얀 노파
줄줄이 굴비처럼 엮여 눈물 쏟는 얼굴들
정으로 용서하며 건너는
피붙이라는 강(江)

항문에게

너, 나한테 해줄 말 이리도 많았었니?
이 단전 가벼운 것, 태어나 처음 같구나
그간 너, 산처럼 막혀
후줄근히 살았단다

급한 전갈 받고 뛰어가 변좌 임하면
숨찬 내게 옆얼굴만 찔끔 보이고 말아
지지리 헛심 바치다 배 보듬어 나오고

어쩔 땐 멀쩡한 혁대 구멍 안 채워지면
'내장 만원이어서 더 이상 못 받습니다'
빨간 빛 팻말 보일까 겁먹기도 했어

무저항 복종 같은 순한 식품 지극정성에
몇 년 묵은 비정한 철벽 허물어졌나 보다
오늘엔
문 열어젖힌 네가
날 기절 시키는구나

밝음이가 만난 햇살

긴 동안 움켜쥐었던 장벽이 헐렸다
깜깜한 성문 헤아려 몸소 몸 부딪히며
제 홀로 걸어 나오는 길
우린 모두 두 손을 모았다

아침이면 뭉클한 햇볕 내리는 바다
느린 청색 물고기들 지느러미 흔드는 바다
성녀의 아랫배는 늘 물빛 속살 출렁였다

삼백 날 걷고 걸어 조우한 높은 하늘
모성과 희망이 구름처럼 피어나는 대지
융성한 푸른 장송들 맞바람 터뜨리는 산천

불타는 자연의 이치를 그 큰 눈에 품어
횃불 같은 족적을 인류 앞에 펼치기를…,

창연한 그 아침 햇살이여
밝음*의 생을 지켜 주소서.

*밝음 : 화자의 둘째 손주

꼬끼오, 수탉 홰치는 소리

깜깜한 허공 새로 화들짝 깨나는 소리
옛날 군 기상할 때 울리던 트럼펫 같은
인간들 궐기하라며
새벽 두들기는 성음,

도심골목 성장 멈춘 한옥에서 태어나
숫돌에 여념 없이 몸 갈아 연마했을까
몇 천 년 인류에 붙여 사는
태초의 목청 가꿨을까

더듬더듬 어둠길 머리 쭈뼛 놀래키는
사자후 날갯짓이 자투리 길 뚫는다

어릴 적 제사 상 거둘 시간
알려주던 딱 그 소리다

요양병원

칠순 다된 딸이 턱밑 다가가 외운다
“아버지, 휴양시설에 가시면 좋을턴디요!?”
쳐진 눈 치켜뜨며 쏘신다
“니 오빠가 그러댜?”

구십 성상을 넘기면 대본 없던 과제가 온다
복지인양 늘어나는 약삭빠른 요양병원
의뭉한 차 태워 가는 그 영역
어떻게 밟지 않고 건널까,

매일 목욕해주고 뜨신 밥 내준다는 그곳
하얀 의사 청진기로 건강 베푼다는 그곳
그런데 왜 그 푸르른 숲이
마음 죽도록 싫을까

입원 시키자 식음을 거부하다 가신 옛 어머니
누더기 방 잃을까봐
나 치매 없다 되뇌시던,
떠나면 옆 얼굴들 죄 떠나가고
시간만 남아있다는.

3

푸른 단풍

말(言) 닫힌 말(馬)

일출바다 등에 업고
풀 뜯느라 말 닫은 말
진하디 진한 초록을 목숨처럼 탐식하는
허우대 홀로 덩그런데
얼굴은 땅에 없다

에스라인이라곤 동난 드럼통 몸뚱이
가늘고 짧은 다리 땅바닥 흔들리고
얼마나 더 포만해야 식도가 닫힐런지
작은 형제 찾아와 똥구멍 물어 대들어도
그 잘난 꼬리 한번 흔연히 흔들 뿐
풀숲에 갇힌 두상, 우리의
옆 얼굴이 아니다

엉덩이 밑 유심한 자리 지킨 둥근 꼬리털아,
균형 떠난 여객선처럼
얼 닫힌 몸뚱이 위해
힘 부친 네다리 구원할
다섯다리 돼주거라
사랑으로

설(舊正)

겨울장마 맞은 개울물
땅 위 범접하니
상머슴 징검다리
햇볕 동냥해 쥔들 섬기고

키 높은 돌다리 뵈게 심으면
오늘이 더 자주 올까

검은 구름의 소망

해와 달 순번으로
낮 밤 움켜쥔 전제를
장황한 우주의 불문율이라 상정한 세상
어쩌다 검은 하늘 땐
구름의 처연한 기회다

누-뗸 적막한 강
다리들 뭉쳐 건너고
사슴은 푸른 초원에 피 뿌려 생하는데
봄 동백 무너뜨리려 맨땅 뚫는 억새풀들

어깨 뒤 키 높은 푸조나무 바라보며
수몰지구 땅에 묻힌 시멘트 다리 일으키려
퍼붓는 소낙비처럼
숨 쉬는 광장 쥔이고 싶다

미당

시의 신선이라 추켜올리는 미당
벼르던 어른 만나려 하얀 전집 펼친다
두꺼움 정독 예비하고 낭송을 시작한다

요전엔 囊(낭)자를 찾으려 옥편 펼치고
그 옛날 한자들 속 '주머니 낭'을 찾았다
시름 끝 시 몇 편 읽고서 한나절 마쳤다

'스물세 해 동안 나를 키운 건 팔 할이 바람이다'
알듯 모를 듯한 말 그래도 임의롭다
옥편의 한문 읽으랴 행간 챙기랴 더디다

85년 생애에 열다섯 권 899편의 시,
부인 뜨자 칠십 일 절식하다 동행한 지조,
넓고도 깊은 시 받들고 싶다
머리맡 국화처럼

귀성

애초 태어나 고향 하나 지키려 욕심 했다
몸 커지고 물질 쌓이니 비바람 침습했다
정 맞은 부피 채우려니 바깥세상 쏘다녔다

세계는 달라는 것 탐나는 것 많고 많았다
긴 밤 쏘다녀도 빈터 많고 지쳐갔다
어느 날 귀성열차 기대어
창 밖 별들 세어봤다

선거(選擧)

어느 날 거인의 친필 서명한 시집이 왔다
한나절 의문하다
무슨 선거가 있나보다,
뜸 되면 홍보물 터질거야
자답으로 풀었다

한 계절 책자·아부문자 우정인 듯 넘쳤고
별똥별 노숙하는 축축한 지평 헤치며
인간은
신비와 허욕에 갇힌
모조품이란 걸 읽었다

서커스 같은 좌판에 석양 햇살 드리우고
여럿 동지들에서 하날 사주는 게임에
하나의 선택이 또 다른
경원 아니길 염원했다

순결한 콩팥

링거 주렁주렁 매달린 폴대 끌고
사람 틈새
몸 비틀어 발 옮기던 소년
통로 끝 쭈그려 앉아
단전을 움켜쥔다

검게 타들어가는 입 닫힌 촛불 향해
순결한 콩팥 하날 떼어드린 포상인가
길 떠나 낯 선 담벼락 아래
신음 뱉는 고양이처럼

칸막이 닫고 숨 녹이는
생명들 틈 사이로
시간에 갇힌 시간을 움추려 채굴하며
아비가 건넨 쇠사슬
밤 껏 녹여낸다

사기(詐欺)

네 숫자 채우기 위해
내 소유를 비우는 일
"절대로 후회 않도록 해드리겠습니다"
라는 말
외우고 외운 어구, 늦은 밤
잠자리도 따라온다

어느 모집(募集) 찾아갔다 웃음거리 된 뒤
"넣어 놓으면 고금리 월정액 드립니다"
가계는 좀 홀가분한 차에
금 백만…,
쑥 다가왔다

침 튀기며 내뱉는 비음,
심금을 걸쳐오고
순하디 순한 생명
드디어 갈길 찾은 듯
쌈지돈 음지로 출가시킨 게
'정약전 흑산도 행' 됐다

리턴 없고 귀소 막힌 해거름 막장 인생
연금, 통장 실종한 자리
띄울 달란트는 없는 걸까
오늘도 새벽교회에 출석
주님 은총, 기도한다

봄꽃

이번 계절은 거실에서만 만개한 꽃을 보네
늦은 밤 주인 상면한 영롱한 모니터 위로
산보다 너른 도로 앞 울창히 핀 송이들

전철에 북적대는 생들과 공생하며
창구 앞 대기하는 몇몇의 고객 앞에 선
불판 위 프라이팬이 젊음의 사계절인데

토스트 구우랴 커피 끓이랴 손바닥 짓무르며
좁은 벽 삶 꾸리는 모노드라마 인생에
객지의 뜬금없는 봄꽃들,
눈에서만 피고 사라지는

안오는 편지

건너려다 무릎 거둔 고무신 싣고간 냇물,
천변 빨래하러 간 어미 찾는 잠깬 유아,
시렁에 감춘 찐 고구마 닿지 않은 까치발,

냇물모래 속 깻묵 붙인 고기 병 묻어놓고
굴풋한 피라미들 입실하길 망보며
하루 내 물속에 시선 담갔던
뫼 넘어 간 시절들

지금도 그 허공처럼 숯정다리 난간 기대어
털쉐터에 눈 맞으며 안오는 편지 향해
봉숭아 꽃물 든 손가락
펼쳐 보이고 있을까

어느 결혼식의 기도

아마존 강변 우거진 산림들 부딪힘 새로
불타는 모닥불 돌며 발 비트는 인디언처럼
골똘한 타향 같은 축제가
눈앞에 펼쳐진다

허리춤 붙어있는 낭자의 손을 잡고
머리 높은 선녀가
손 흔들어 입장하는데
마음껏 박수치는 손
눈물처럼 소리가 없다

주례 앞에 휠체어 앉아 히죽히죽 웃는 사내,
세밑의 고요한 진눈깨빌 줍고 싶었다는
소녀의
하늘이여, 깜깜한
밤(夜) 만을 평생 내리소서

반추

다락에 코피 쏟으며
난생 처음 쓴 러브레터
냉소 젖은 독후감 대신
봉투 꿰매 되돌려준 소녀,
오십 년
소처럼 삼킨 세월
허리 휜 반추도 할까

월드컵

지구촌에 환희란 얼굴
몇 몇 개나 존재할 지
사각 적진에 골 넣고 짓는
표정 떠난 표정들
인간은 어느 극지에서
가나안을 만날까

첫 월급

새하얗고 조그만 봉투 하날 받았다
직원들 여럿 칸막이 책상 앉아 있는 사무실
내 이름 도장 찍고 건네준다
(내 소유 통장이 없다)

내 생애 언제 쯤 월급이란 걸 받았을까
군 제대하고 삼 년
공무원도 했었는데,
해후한 봉투의 사십 년
생존 운이라 붙여줄까

홑 겹 같은 엷은 두께
살짝이 열어 본다
갓 구워 나온 햄버거처럼 윤기 나는 금빛 위엄
몇 날의 고액지폐가
작은 손길 훔친다

출근 길 새벽안개 가르던 풍선인양
소주 빚진 친구 불러 육해공집 가고 싶다
한번 씩 치레 마슬러 보던
또 다른 기다림은

출근길 그 여자

출근 길 한번 씩 만나는 입술 빨간 여자
웃을 듯 감추는 시선 살짝 스치는 여자
얼굴을 크림 분 도배하여
아쉬움 살짝 면한 여자

시외 군 인접회사 셔틀버스 오르는 여자
골프장 내 잡화 매장' 근무한다는 여자
내일은 더듬는 말 추슬러
용기 꺼내고 싶은 여자

이른 버스 올라 창밖 두리번대다 눈 들킨 여자
비오는 날 "난 차 오니까,"라며 우산 건넨 여자
내일은 장롱 속 사랑 꺼내어
삭정이 불붙이고 싶어

푸른 단풍

마른땅 소낙비 타고 붉은 잎들 쏟아진다
도수 높은 낮술 삭지 않고 목에 걸린
백수들 재채기처럼
터뜨리는 열꽃들

수몰지구 동정녀로 썩힌 몸 서러워
친정 오라비 묻힌 북녘의 철조망 앞
엎드려 눈물뿌리는
핏빛 드레스 같고

풍선 펄럭이는 달러벌이 해외 공연
기름기 넘치는 눈들 앞에 방긋방긋
창(唱)하는 소녀광대의
우윳빛 색동옷 같은

성에 낀 얼굴로 귀향 채근하는 서녘 하늘
밤새면 떼밀려 갈 마지막 계절에
광야의 한 톨 진주처럼
붉게붉게 푸르거라

어머니

물 건너 대국에서 날아온 석학 교수
언어를 손짓으로 하는
처음 밟은 고국 땅,

깊숙한 품안에서 꺼내는
누런 사진 한 장
"어엄니",

해후

섧은 하모니카의 음색이 귀를 적신다
옆 아이 든 바구니 동전 몇 닢 떨구어 있고
전철 속 지팡이 디디며 구걸하는
맹인 여인

얇은 문풍지 틈새로 함박눈 내리던 날
한쪽 눈 가린 권댁 딸
파란시집 끼고 찾아왔다
리포트 맺음 흥분처럼 구들장 달아오르고
"이히 리베 디히"
혀와 혀 부딪는 러브 회화들
낯선 곳 아름다운 탐험 주춧돌 같은 영원 걸며
긴긴밤 약속의 별들이
한 움큼씩 스러져갔다

가난한 긴 시간들 철새처럼 공중 날고
계절 같은 꿈 붙들려
여명은 늘 객지였어

해후한 지평 밖 삼십 년
문풍지 심장
실향이다

4

겸손의 미학

무소유의 소유

버리고 버려도 끝내 버려지지 않은
마지막 남은 내 이름
마저 떠나보내는데
호젓한 산속 생에서
팔십 년이 걸렸다하네

주거 복잡하니 붙어 다닌 너덜한 소유
진저리나는 재물 없애려
지하에 몸 들어갔는데
영면의 한 평 땅,
없는 이름
무소유의 소유라 하네

소란한 명당

무등 봉 마루 콧등에
숙면하는 묘(墓) 한 기

등정 객 숨찬 숨 모여
청룡 주봉에 털어내고

별난 손(孫)
기상천외한 효행이
부서지는 촛불이구나

용추폭포

-함양에서

백여덟과 백일곱, 한 수 운명을 생각 한다
막 셔틀버스 한 사람 밀려 못 타고 떠났다면,
고시에 한 점차로 떨어진 나이 찬 수험생이라면,

용추폭포, 십팔 미터 통 큰 물줄기에
서른 발 너른 호수가
동천 기백의 가경인데
폭포 물 옷섶 튕기며
한의 전설을 듣는다

백팔 일에 하루 못 미쳐 파투된 금식기도
용이 못된 쪼그라진 몸,
용추폭포 공중 떠돌다
백칠 일
혼백 망가진 이무기,
흙바닥 파묻혔다는

아비(父)

〈아들, 참사 보상금 모교 장학금 기증〉
울음 처절한 흔적 좇아 바다 뒤지던
아비의 몸짓,
아들아,
청정한 하늘가에
눈이라도 편히 감으렴…,

트라우마

몇 백 명 갇힌 지하바다
한 가닥 셔츠 엮은 줄,
간신히 감아 몇몇 올라온 뒤
우지끈하고 끊어졌다
생명줄 무너지며 넘어진
마지막 본 얼굴들

유언

무거이 더듬거리는 어둔 대문을 향해
둑 뚫린 연못처럼 맺힌 눈물 쏟는데
적막한 어른은 정녕 닫힌 입 열 것인가

금맥 지주의 몰아쉬는 산소호흡기 앞에
한 줄을 받아 적으려 펜 들고 선 후손들
떨리는 하얀 종이 위로
탐욕들 숨막히네

푸른 눈의 후예

-소아 암 병실에서

작은 망막 상형문자로 글씨들 새긴다
낯 선 사슴 목에 떨어지는 빗방울 같이
입과 귀 어둠 밝히는
하얀 청진기 소리

산다는 게 전선줄 앉아 벌이는 도박이고
내일은 오늘의 철새가 지려놓은
처마 밑 배설물이란 걸
차마 알지 못했다

교회당 새벽종 몸 흔들며 걸어오면
머리맡 조아린 청색 십자가 붙안고
벽안을 끼룩거리며
실어증 토하는데

바닷물 길어 조립된
원죄 묻은 푸른 눈,
해진 마스크 위로 햇살 한 올 스치면
한 번도 본 적 없는 태양
창밖 그늘 보며 새긴다

세월호 바다에서

어느 봄 서남단의 바다에 갔었다

바다에 이상하니 갈매기가 없다
바다에 이상하니 사람이 하나도 없다
바다에 이상하니 배가 한 척도 없다
바다에 이상하니 등대 불이 없다
바다에 이상하니 시퍼런 물은 없다
바다에 이상하니 떠도는 파도가 없다
매일 돌 위에 앉아 오빠 기다리는 소녀
바다 바라보며 무슨 생각들을 하는지
젖병은 있는데 갓난아이는 없었다
육지는 한사람 외치면 여럿 대꾸하는데
몇 천 명이 불러도 응답 없는 그 바다
탄 사람 많이 있다는데 내린 사람은 없는 바다
깜깜한 바다 밤만 끝없이 흐르는 바다
배 한척만 물 밑에 기다린다는 바다
기다림을 공포와 절망으로 채워주는 바다
있어야할 게 없는 것이 너무나 많은 바다
기다리라는 어른들에 순종한 내 아이들
살아서도 죽어서도 오지 않는 아홉 얼굴

죽은 얼굴이래도 내 자식임을 알 수 있기를,

내 아들, 촌음의 시간들에서 아프도록 행복했다

죽어서 연인인 여인

구름 같은 별똥별 좌판이 무너졌다네,
허구한 날 눈 뜨면 매미처럼 울어댔지만
그녀가 배우였는지 난 알지 못했네

사낸, 밀반죽처럼 주물라는 애드벌룬을
꿀통 속 신부(新婦)들 향해
초야인양 띄웠다네
넘치면 동의보감도 독이라 했든가

가을 떠난 낙엽처럼 충혈 된 입들 떠난 뒤
질식해 떠난 별 자국
잔해 주으려 박 터지는 입들
사람은 왜 뒷머리에 대고
횃불 피워 올리는지

팽목항

그 해변엔 새가 날지 않고 누워 있었다
가만가만 곁으로 가니 일어나 기어간다
아무 것 할 일 없어 생활도 휴가인가 보다

계절 버린 태풍인양 결박한 고깃배들
장정들 싸움터 나가 오지 않던 옛날처럼
북녘의 남침역사라도 되돌아온 것일까

태어나 처음으로 뱃길여행 떠난 아이
부지의 사고사처럼 담요모포에 쌓여온 아이
손 벌려 껴안고 싶지 않은 그 얼굴을 생각한다

하늘 향해 꿈도 끈적 없는 젓 냄새 풀풀 나는
어린 게 무슨 몹쓸 짓이래도 잘못 저질렀을까
앉아도 몸소 걸어도 머리 깨이지 않는다

방파제길 걷고 걸어 등대 끝 멈춰 봐도
구름 아래 배 한척 없이 바위섬만 떠있는 바다
지평엔 '해양긴급신고'글자가
'인명구조함' 함께 서있다

원양어선 오룡호

시퍼렇고 깜깜한 물 출렁이는 겨울 바다
내 몸이 그 속으로 점점
끌려가고 있다면,
절대의 거부할 수 없는
그 지경에 처했다면,

북극 근접한 러시아 땅 베링해의 십이 월
바다풍랑 기상경보에
타어선들 철수하는데
오룡호
만선 욕심 기대하며
조업을 견인했다

천칠백 톤의 육중한 몸
제 혼자 기울어지는
삼십육 년 세월 젖은 배
파도 속 침잠하며
육십 명 퍼내고 퍼내도
감당 안되는 물, 물들

몸 잠기는 극한에서 그 수장이 전한
이승작별의 한 마디 말, 긴 가슴을 때린다
“바다와 선원들 모두 함께
배의 최후를 가겠습니다.“

*사조산업 소속, 2014년 12월 1일 17시 15분 베링해에서 침몰했다. 총 선원 60명 중 구조외국인 7명, 한국인 11명 포함 53명 사망 및 실종되다.

교회 가는 길

문밖 나서면서 반듯이 걸음 딛는다
십분 지나 정겨운 오르막 길 만난다
그날의 골고다 언덕을
한번 상상해 본다

오십 킬로 무거운 십자가
어깨 짊어진 채
가시덤불 거친 길 추스르며 옮길 때
맨발의 키 큰 예수님
땀방울들 젖으셨다

비틀거려 쓰러지면 채찍질 날아오고
그렇게 팔백 미터 형장 향해 걸으신 길
어머니 가족과 제자들
눈물 뿌리며 동행하였다

엘리 엘리 라마 사박다니, 나의 하나님!
어찌하여 나를 버리시나이까,
다 이루었다,
마지막 제구시의 말씀들

생애 껏 외우고 싶다

양옆의 만개한 봄꽃에 묻힌 교회 가는 길
요즘 부활절 맞아 찬양대도 바쁘다
오늘은 그간 다진 목청 살려
칸타타 뽑아 올릴 거다. -아멘.

겸손의 미학

종교적 자만과 겸손에 대하여 생각한다
담임목사의 '고린도 후서' 말씀을 머리 담은
귀가길 새벽 발걸음이 가볍고 무겁다

먹을 것 없고 짐승 우글거리는 죽음의 광야길
약속의 땅 목전에서 사십 년을 헤매야 했던
처절한 이스라엘 백성들,
무지의 캄캄함들,

'가데스바네아'의 보고들에 표출된 혼돈에서
젖과 꿀이 흐르는 가나안 땅, 그 만남 뒤의
태생적 인간을 보신 하나님의 고뇌와 역사

그 축복 속에 본능으로 자생할 교만들,
자만은 불신앙과 불순종을 잉태하고
백성을 분열하는 근원이라 여기신 여호와여

제자들 발 씻기려 몸을 낮출대로 낮춘
예수님,
겸손과 사랑,

그 영혼을 추종하는
인류들 존재하는 한
겸손은 지상의 선이다

기드온의 300용사

이스라엘의 부르짖는 기도는 계속되었다
미디안 아말렉의 압제
신음하는 백성들 향해
특별히 준비하신 전술
여호와 하나님의 역사

방만하고 허접한 삼만 이천의 병졸에서
선택한 사사 기드온과 구원의 삼백용사
당신은 주를 위해 끝까지 싸울 준비가 됐는가,

한밤 적진을 향해 복음의 나팔 불며
빈 항아리 깨부수고 횃불 들어 외친다
여호와 기드온의 칼, 여호와와 기드온의 칼

함성과 광음에 놀란 오만한 적의 착각과 괴멸
요단강 쫓기다 잡힌 미디안 왕 세바, 살문나
성령은 수렁의 백성 구하려
역사를 깁으셨다

어느 새벽 '기드온의용사' 외치며 선잠을 깬 날

벼락 받았던 정일에게
기도 은총 회복한 체험,

오늘도 '기드온의 삼백용사'
씨디 열며 아침 맞는다

*정일 : 화자의 자제로 답 없는 암흑에서 구원 받아 가정 회복됐다.

창세기 하나님의 명령

생육으로 번성하여 땅을 충만하고 정복하라,
바다 물고기, 하늘의 새, 땅의 생물을 다스리라,
창조의 마지막 날 만드신
인간에 내린 명령이다

요즘 '중동호흡기증후군'으로 나라가 시끄럽다
맨얼굴 스치면 전염되어 고열기침에 걸린단다
낭송회 전시회 정기총회등
행사들도 연기했다

사람과, 세상 공존하는 동식물 미생물들에
창조질서 균형 파괴로 기승하는 질병들,
명령을 인간중심적
실현한 응징이다

경제 가치 극대화 욕망에 밀려난 환경보호
말라가는 자연 생육에 사랑 거둔 인간들
회개와 겸손으로 무릎 꿇어
창세기적 융성을 기도한다

기다림의 등대

비 오면 병아리들 어미 날개 속 파고들 듯
모든 염원들이 빨간 품안에 숨쉬고 섰다
덩치 큰 방파제 그늘 몸 지탱하며 벼른다

날 새면 푸른 생들 들것 파묻혀 실려올 땐
좁은 하늘 머리 굴려 햇볕 쬘 시간 없었고
모두가 손 놓은 오늘
새들도 뵈지 않는다

머나먼 물길 쳐다보며
미련 태운 빈 상여들
아홉의 사진과 이름, 분실한 그 바다
세월도 사랑도 보고픔도
다 입 닫고 서있다

향수, 정지용 생가

사람들 섞여 건넌 쬐그만 시멘트 다리
고혹한 잔디 대신 대문도 울타리도 없이
동그란 안경 낀 석상,
맨땅 위에 서있다

치켜든 손짓으로 책장 넘겨 웅변하는데
서있는 우리들엔 작은 음성 들리지 않고
등 뒤로 이천삼 년 오월,
새겨진 고딕글씨들

주인 없는 나라, 꿈 따라 떠난 이국 땅
세월 젖어 멈춰 선 물레방아 머리 이고
울금향(鬱金香) 털어내며 쓴
향수, 참하 그립다

고목 기둥 헐고 볏 지붕 위 기와 얹혀도
앞 뜰 유리장 속 서있는 갈색 얼굴들
때 늦은 거인의 초대(招待)가
그믐처럼 낯 시리다

정들여 무릎 모아도 웃지 않는 하늘처럼
불임(不姙)아내 둔 맹인(盲人)같은 헐거움들 새기며
동쪽 끝 실개천 사이
가을 길을 걷는다

성가대의 소년

봄 마중 나온 아해들이 눈 맞춰 소리 젓네
어미 입 걸린 먹이 향해
목청 쏟는 제비들처럼
긴 목젖 넘어온 성음, 방음장벽을 두들기네

왈츠 같은 성가를 단전 울려 뽑으며
겟세마네 우거진 감람나무 잎새처럼
알알이 성장한 입들 땀 젖어 부딪는데

빽빽한 좌석 틈에 가슴 열어 늠름한
머리 큰 웃는 얼굴 눈 맞춰 흔드는 손,
호수에 바람 만난 듯
수려한 몸 출렁이고

성가의 축복인 듯 고성 화음 새겨듣는
소 같은 교우의 큰 눈, 정감 들여 마주치면
목에 건 하얀 십자가 형성이
왜, 고향처럼 다가올까

나의 어머님께

깊은 밤 커튼 젖히고 창밖을 내다봅니다.

하얀 꽃 만개한 목련을 보려는 게 아니에요
일기예보처럼 정녕 비 시작하는가 살피는 거에요
오늘 밤부터 내일 까지 내린다 하니 속이 탑니다
어머니, 내일 모레 이틀이 우리 산일하는 날이에요
할아버님내외, 아버님내외분의 유택 수리 할려구요
근래 산소에 갈 때마다 마음이 많이 아팠습니다.
그놈의 멧돼지들이 봉분을 파헤치고 흐트렸지요.
그리고 어머니, 저 간원드리고 용서 빌 게 있습니다.
오늘 새벽에도 갔습니다만, 교회에 출석해 성령께
기도할 때마다 눈물 쏟아 드리는 진정이 있습니다.
어언 9년 전, 요양시설에 안 갈려고 하시는 분을
저희부부 회유하고 다독여 차에 태웠지요, 저한텐
안가겠다 쏘셨지만 며느리한테는 무너지시더군요.
아흔을 넘기면서 심신이 쇠잔하기도 하셨어요
입양하자 첫날부터 방에 누워 식음을 전폐하시니
그 담임기관인 담양 '사랑의원'에 입원을 시켰대요
무의식 상태에 산소 주입기 코에 꽂으셨더군요
매일 목욕시키고 환자복 입혀 식사 나오는 시설,

의사도 회진하니 집보다 백배는 더 선진문명이고
흡사 실버호텔 수준이데요, 그러나 어머닌 눈 감고
침묵이시니 답답했습니다. 아내 말은 당신옆에 앉아
기도 올리니 아멘-, 하셨다는데 전 듣지 못했습니다.
운명의 그날, 좀 일찍 도착했는데 심상치가 않더군요
막 고갤 윗목으로 치켜올리며 가쁜 숨 몰아쉬셨어요
코의 산소 줄이 위태로이 따라가는데 무서웠습니다.
그럼, 어머니!, 하고 딱 껴안으며 기도드려야 하거늘
그 자릴 도망나왔습니다. 광주로 차 끌고오며 옷가지
챙겨가 병원서 장시간 대비할 요량이었지요, 그런데
아파트 입구에서 전활 받았습니다. 소천 하셨다는…,
"어머니, 한평생 수고 많으셨습니다. 잘 가셔요."라는
마지막 작별의 인사 못드린 채 가신, 그 자릴 회피한
불효자식의 자각이 너무도 후회되고 마음 아픕니다.
없던 시절 살면서 저와는 부딪힘이 참 많았었지요
끓는 물에 밀가리 뿌려 끼니하고, 밥 한두 그릇으로
다섯식구 나눠먹으면 다행이었지요, 과일광주리 이고
숙박소 돌며 소매하고 오시면 심야 일어나 그 껍질
입에 넣던 일, 콩나물 장수 동이 깨져 쉶었던 일,
인절미 만들어 물방앗간 점포 배달갔다 무산된 일,

쌀장사 연탄장사, 돈 될 수 있을까?의 목마른 세월들,
그리 고생하시며 저희 5남매 키워 성장시키셨는데
당신의 임종을, 작별의 배웅도 없이 보내드린 죄책을
못 떨치는 둘째아들, 하나님께 회개하며 살겠습니다.
이번에 저희 형제들 정성과 마음 들여 이틀 동안
유택 수리했습니다. 제 생에 온전하길 기도할게요.
참, 아버님이랑 합장해드리니 든든하고 좋으시지요?!.

어머니, 청정한 하늘에서 이승 용서하시고 평안하소서.

| 해설 |

사물의 인격화와 생명성 탐구

강 경 호
(시인, 문학평론가)

1.

전학춘 시인의 시조집 『직선적 발자국』에서 가장 눈에 띄는 부분은 사물에게 인격을 부여하고 있는 점이다. 사물을 바라보는 화자의 시선이 자연물을 있는 그대로 보지 않고 의인화시킨 까닭이다.

주지하다시피 의인법은 사물을 마치 사람인 것처럼 비유한다. 이때 사물은 그저 사물로 머물지 않고 생명력을 얻게 되고 더불어 인격을 지니게 된다. 인격이란 사람이 마땅히 지녀야 할 품격으로 사람만이 지닌다. 그러므로 의인법은 단순히 비유의 한 수사로만 머물지 않는다.

오늘날 자본주의 속성은 자연을 물질적 가치로 바라본다. 그러다보니 자연과 인간은 충돌하며 불화를 겪는데 이는 순전히 인간의 탐욕스러움에서 비롯된 것이다. 이로

부터 파생된 문제는 인간조차 도구화되고, 자연을 훼손하여 전 지구적인 환경문제를 야기시키고 있다. 이를 극복하기 위해서는 자연을 높이 바라보았던 우리 선조들의 민속적인 삶의 지혜가 한 방편이 될 수 있다. 마을 앞 커다란 나무를 신목(神木)으로 받들고 호랑이를 산신령으로 여기고 커다란 바위조차 생명이 깃들어 있는 영물로 인식하여 민간신앙의 대상이 되기도 하였다. 이러한 생각은 원시공동체 사회에서도 찾을 수 있다. 그래서 하늘을 향해 비를 내려주기를 소망하며 기우제를 지내고 서양에서는 양을 잡아 번제를 지냈다.

이러한 마음은 동심(童心)과 같은 것이다. 어린 아이의 눈으로 세계와 사물을 바라보면 탐욕스러움이 없어지기 때문이다. 그런 까닭에 생명의 원리에 의해 상호 이어지는 관계를 추구한다. 이는 생태적 공동체라고 할 수 있는 새로운 세계의 내적 원리가 된다. 그러므로 자본이 지배하는 '사회적 공장'에서 '새로운 자유의 공간'을 만드는 일과 유관하다. 이러한 정신을 추구하는 시인의 상상력이야말로 가장 오래된 희망이 아닐 수 없다.

앞에서 밝힌 것처럼 전학춘 시인의 시조집을 관통하는 가장 핵심적인 정신은 사물에게 인격을 부여하는 의인법이다.

의인화법을 구사한 작품들을 살펴본다.

> 북녘서 태어났다는 신비의 겨울 나그네
> 수백 대 쇠갈비 한입 치운 폭식가처럼

대지들 하룻밤 사이
품안 가득 수렴 했네

몸 털린 나무들 목젖 틀어져 입 닫고
물정 없이 눈망울만 떠있는 타국처럼
새벽 길 흔적 파묻은
제왕 같은 눈을 보네

-「첫눈」 전문

일년 중 가장 먼저 내리는 눈에 대하는 화자의 태도는 예의를 갖춘 선비마냥 허투르지 않다. "첫눈"을 "북녘서 태어났다는 신비의 겨울 나그네"라고 부른다. 남쪽보다 겨울이 더 춥기 때문에 당연히 북쪽에서 온 겨울나그네로 첫눈을 인식하고 있다. 또한 하룻밤 사이 대지를 하얀 눈의 세계로 만들어 버리는 것에서 "폭식가"로 비유되고 있다. 뿐만 아니라 눈이 세상 모든 사물과 나무며 길을 파묻어 버리는 까닭에 "제왕"으로 인식하기도 한다.

이 작품에서 보았듯이 "신비의 겨울나그네" "폭식가" "제왕" 등 다양한 이미지로 "첫눈"이 변주되고 있는데, 겨울 하늘에서 내리는 자연적인 현상의 의미를 뛰어넘는 인식태도를 보여준다.

다음 작품 「지붕 위의 태양」에서는 "당신"으로 의인화된 '태양'이 생명성을 일깨우는 존재로 형상화되기도 한다.

항상 머릿결 위 지붕에만 떠있는 당신
붉은 얼굴 눈높이 맞춰 입맞춤 한 적 없고
오른 팔 길게 벌이면
벌써 깜깜한 밤이지요

어느 아침 골방에 엎드린 몸 일깨워
뜨거운 입김 불며 다독이기도 했던 당신
별 뜬 밤 호랑이 가죽 차고
돌아올 거라며 떠났지

서녘 귀성하는 혼미한 체취 좇아
갈매기 날개 접는
어둔 수평선 올라
잡힐 듯 잡히지 않는 환상
품 안겨올까 숨죽이는

-「지붕 위의 태양」 전문

대중적 상징으로써 '태양'이 절대적인 존재이듯 전학춘 시인이 인식하는 태양 역시 이러한 범주에 있다. "항상 머릿결 위 지붕에만 떠 있는 당신", "붉은 얼굴 눈높이 맞춰 입맞춤 한 적 없"는 범접할 수 없는 존재이다. 그렇지만 "어느 아침 골방에 엎드린 몸 일깨워/뜨거운 입김 불며 다독이기도 했던" 인정있고 호흡을 불어 넣어주는 생명성을 지닌 존재이다. 그러면서도 일몰로 모습을 감출 때는 "잡힐 듯 잡히지 않는 환상"의 대상이기도 하다. 다시 말해 전학춘 시인이 인식하는 태양은 인간보다 우월

한 초월적인 존재인 동시에 지상의 것들을 품을 줄 아는 인간적이며 모성성을 지닌 존재로 형상화되고 있다.

다음의 「산정에 갇힌 계절」에서는 손에 만져지지 않는 "계절"이라는 현상조차 의인화하고 있다.

땅위로 놔주지 않는 연유를 모르겠어요
하늘과 어둠이 무인섬처럼 윤회하면
집 나간 입춘 전령을
해후할 줄 알았지요

이른 새벽 심통 죽여 산정을 살펴봤어요
후미진 잔설 모퉁이
기죽은 햇살 갇혀있고
입 닫힌 거무튀튀한 구름
파수꾼처럼 지키데요

내 푸성귀들 햇볕 없어 냉해라도 들었을까
뒤란 수용소에서 깨나는 고아들처럼
풀 없는 새순머리에 더운 입김 불어줬어요

불 꺼진 불 반추하는 휴전선 철조망 같은
삼엄한 하늘이여
우리 계절 풀어 주셔요
비탈 위 흐드러진 봄꽃
우리 만나야 해요

-「산정에 갇힌 계절」 전문

“계절”이라는 보이지 않는 현상이 화자가 되어 독백하고 있다. 화자는 “이른 새벽 심통 죽여 산정을 살펴”본다. 그가 살펴본 풍경은 “후미진 잔설 모퉁이/기죽은 햇살 갇혀있”는 것과 “입 닫힌 거무튀튀한 구름/파수꾼처럼 지키”고 있는 모습이다. 이때 계절은 겨울일 것이다. 즉 계절은 추운 산봉우리에 머물고 있다. 아직 봄이 오지 않은 까닭이다. 그런데 계절은 햇볕이 없어 푸성귀들이 냉해라도 들었을까 아직 싹이 나지 않은 풀에게 더운 입김을 불어넣어줬다고 고백한다. 봄을 염원하는 계절의 하소연이 이채롭다.

「안개나라」에서는 기상현상인 “안개”를 의인화하기도 한다.

붉은 태양 등지고 고개 숙인 나룻배 하나
태풍 떠난 빈터에 산 입 줄여 내쳤는지
며칠째 기우뚱대며
썰물 끝 유랑한다

물결처럼 헤매는 게 바다도 짠했는지
고향이 서쪽 섬이라는 어린 파도 찾아와
희미한 모서리 곁에 푸른 물 끼얹고

지평선 하늘과 맞닿은 곳 우뚝 선
송신탑은 반짝이는 별들의 유희처럼
어둔 밤 등대 불 띄워

해우소 밝혀준다

간밤 메마른 관절 더운물 희원하고
헐거운 동아줄 묶인 손목들 풀어내어
해거름 저녁놀 너머
안개나라 찾아간다

-「안개나라」 전문

3인칭 시점의 화자가 안개 낀 날의 풍정을 읽어가는 형식을 취하고 있는 작품이다. 시적 배경에는 안개가 끼어 있다. 이른바 '안개나라'인 셈이다. 태양을 등지고 있는 나룻배 하나가 며칠째 기우뚱거리고 있다. 이때 "고향이 서쪽 섬이라는 어린 파도 찾아와/희미한 모서리 곁에 푸른 물 끼얹"는다. 안개가 내린 "하늘과 맞닿은 곳"의 송신탑은 등대불을 밝혀 빛을 뿌려주고 있다. 마침내 나룻배는 "헐거운 동아줄 묶인 손목들 풀어내어" 저녁 무렵 "안개나라 찾아간다" '안개'를 인격체로 바라보고 "어린 파도"를 의인화시킴으로 해서 안개 낀 바다의 의미를 한층 깊게 해준다.

2.

한편, 전학춘 시인의 시편에서는 생명성을 고조시키는 점이 선뜻 눈에 들어온다. 이 시집의 표제시이기도 한 「직선적 발자국」을 비롯한 여러 작품들이 그것들이다.

함성처럼 파도소리 밀려오는 바다
검정 새 한 마리 하늘로 솟아오른다
한 올의 막힘이 없는
순결한 비상의 길

낯 선 천정 길을 빗물처럼 질주하며
계절 따라 돋아난 물정 어린 날개 펼쳐
공중의 삶 찾아가는 직선적 발자국들

까마득히 멀어도
약속 없는 끝 길에서
시간 떠난 시간을 더 이상 동냥할 수 없고
헐거운 날개 붙안고 귀향 길 차비 한다

…하략…

-「직선적 발자국」 중에서

앞에서 살펴본 것들처럼 의인화법을 구사하지 않지만 어려운 환경을 극복하려는 시적대상의 의지가 돋보인다. "함성처럼 파도소리 밀려오는 바다" "길 없는 길" "낯선 하늘 길" "까마득히 멀어도/약속 없는 끝 길" 등에서 보듯 극한의 조건 속에서도 "검정 새 한 마리 하늘로 솟아오른다" 뿐만 아니라 "한 올의 막힘이 없는/순결한 비상" 이다. 그것은 "시간 떠난 시간을 더 이상 동냥할 수 없" 는 동기에서 비상을 하는 것이다. 이 작품에서 "털갈이 한 철새들"과 "검정새 한 마리"는 서로 동질성을 지니기도 하고 대비되는 관계이다. "낯선 길"을 "귀향"을 위해 "파도소리 밀려오는 바다" 위를 날아가고 있다는 측면에서는 그 목적이 같지만, "검정새 한 마리"는 혼자서 외롭게 비상하고 있지만 "철새들"은 무리를 지어가고 있다는 것은 고단하지만 외롭지는 않을 것이다. 이러한 대비를 통해 이 작품의 시적 대상인 "검정새 한 마리"를 부각시켜주고 있다. 결과적으로 "검정새 한 마리"인 "작은 새"는 "해거름 거친 파도 위"를 "떼밀려" 가듯 자신의 길을 가고 꿋꿋하게 가고 있는 것이다. 즉 "거친 파도 위 작은 새" 한 마리 공중에 발자국 찍는데 '직선적 발자국'이다. 여기에서 '직선'의 의미는 매우 단호한 비상을 암시하기도 하고 꺾이지 않는 생의 의지를 뜻하기도 한다. 그러므로 공중길을 가는 검정새 한 마리의 발자국은 강한 생명력을 상징화시킨 은유로 볼 수 있다.

「꾀꼬리의 입들」에서는 모성성을 강조하기도 한다.

> 전선줄 같은 나뭇가지에 발가락 매단 채
> 날아온 어미 입 향해 포효하는 다섯 새끼들
> 날 벌레,
> 어느 구멍 쑤셔 넣어
> 주둥이본능 추켜줄까
>
> -「꾀꼬리의 입들」 전문

짧은 형식의 작품이지만 강한 생명성을 보여준다. 나뭇가지에 앉은 새 새끼들이 먹이를 물고 온 어미새를 향해 입을 벌리고 있다. 어미새는 "어느 구멍 쑤셔 넣어/주둥이본능 추켜줄까" 생각한다. 새끼새와 어미새의 매우 짧은 한때를 포착하고 있는 이 작품은 끈질긴 생명력의 근원을 잘 그려내고 있다.

「조팝나무의 봄」과 「추월산 단풍절경」은 식물성이 지닌 생명의 근원을 묘파하고 있다.

주인 아닌 땅,
거침없이 하얀 꽃들 피워내면
나비와 벌들 날아와 한 번씩 몸 주고 가고
석양엔 임자 찾아와
고웁다 사진 찍고 가네

-「조팝나무의 봄」 전문

조팝나무가 거침없이 하얀 꽃들을 피워내자 "나비와 벌들 날아와 한 번씩 몸 주고" 간다고 한다. 주지하다시피 꽃을 피우는 화본식물은 나비와 벌을 매개로 해서 수정을 한다. 실제로는 벌 나비가 꿀을 따기 위해 꽃에 앉았다가 몸에 묻은 암수술 꽃가루와 수술 꽃가루를 만나게 해준다. 그러나 이 작품에서는 '꽃'을 여성으로 인식하고 '나비와 벌'을 남성으로 인식하고 있다. 그렇기 때문에 "나비와 벌들 날아와 한 번씩 몸 주고" 간다고 하는 것이다. 즉 남성인 벌 나비가 여성인 꽃에게 몸을 줌으로써 열매가 잉태된다는 것을 암시한다. 그러므로 "한 번씩 몸 주고 가고"라는 재치있는 표현이 이 작품의 참신성과 함께 생명성을 극대화시킨다고 할 수 있다.

「조팝나무의 봄」에서 원초적인 생명의 근원을 보여주었듯이 「추월산 단풍절경」에서도 생명의 에너지를 노래하고 있다.

부여 삼천궁녀 둔 의자왕을 세다 했었는데
수억의 꽃에 묻힌 팔각정이란 사내
밤새워 거느리려면, 강물
파이프로 수입해야겠네

-「추월산 단풍절경」 전문

추월산에 있는 팔각정을 "수억의 꽃에 묻힌" "사내"로 의인화하고 있는 것이 이채롭다. 팔각정 주변에 많은 꽃이 피어있다는 뜻인데 "수억의 꽃"은 여성으로, "팔각정"은 남성으로 인식하고 있다. 그런데 백제의 마지막 왕인 의자왕을 "세다"의 상징으로 끌어들여 "팔각정"과 대비시킨다. 백제 의자왕은 비극의 주인공으로 백제가 망할 때 삼천궁녀가 낙화암에 떨어져 죽었다는 전설이 있다. 수많은 궁녀들을 거느렸기 때문에 남성으로서 세다고 한 것이다. 그런데 "삼천"보다 "수억"의 여성을 둔 팔각정이 더 세야 하기 때문에 "강물/파이프로 수입해야겠"다고 한다. "파이프"가 암시하는 남성성도 그렇지만 에로티즘적 정서를 유발시키면서, 원초적이고 근원적인 생명성을 발현하고 있다.

3.

지금까지 살펴보았듯이 전학춘 시인의 이번 시조집에서 두드러지게 눈에 띄는 시적 세계는 의인화법을 구사하여 사물에게 인격을 부여하는 것과 생명성에 대한 탐구를 보여준다. 더불어 그의 작품들은 그의 삶에서 만나는 일상의 정서적 사건들에서 우리 사회의 명암에도 관심을 갖기도 한다. 사회성을 보여주는 작품들에서 그는 안타까워하기도 하고, 때로 박수치기도 한다.

칠순 다된 딸이 턱밑 다가가 외운다
"아버지, 휴양시설에 가시면 좋을턴디요!?"
쳐진 눈 치켜뜨며 쏘신다
"니 오빠가 그러댜?"

…중략…

매일 목욕해주고 뜨신 밥 내준다는 그곳
하얀 의사 청진기로 건강 베푼다는 그곳
그런데 왜 그 푸르른 산이
마음 죽도록 싫을까

입원 시키자 식음을 거부하다 가신 옛 어머니
누더기 방 잃을까봐
나 치매 없다 되뇌시던,

…하략…

-「요양병원」 중에서

최근 들어 급격하게 늘어난 요양병원은 부모를 대하는 자식들의 의식을 엿보게 한다. 전통적으로 우리 민족은 가부장적인 가족을 형성해 왔다. 그런데 그 의식에 변화가 생긴 것이다. 늙은 부모를 요양병원에 모시는 것을 불효로 인식해 왔지만 이제는 요양병원이 우리 사회의 한 시스템 역할을 수행하고 있다고 믿는 것이다. 그럼에도 불구하고 부모세대들은 아직도 가족은 죽을 때까지 함께 해야 한다는 의식을 갖고 있다. 이렇듯 전통적인 가족관을 지닌 부모세대와 이로부터 자유로운 자식세대간의 의식의 차이를 보여주고 있어 때로는 그것이 충돌하여 갈등을 빚기도 한다.

칠순이 다 된 딸이 늙은 아버지께 휴양시설에 가면 좋겠다고 하자 아버지는 서운하고 싫어하는 눈치를 보인다. "매일 목욕해주고 뜨신 밥 내준다는" "하얀 의사 청진기로 건강 베푼다는" 요양병원은 외견상 집보다 훌륭한 공간이다. "그런데 왜 그 푸르른 산이/마음 죽도록 싫을까" 하고 시적 대상인 아버지는 되뇌인다. 이 되뇌임은 곧 화자의 의식과 동일성을 이루는 것이어서 화자는 자신의 어머니를 생각하기에 이른다. "누더기 방 잃을까봐/나 치매 없다 되뇌시던," 모습에서 후회와 회한의 모습을 보여준다. 아무리 의료시설이 좋다해도, 그래서 자신이 편하다고 해도 "누더기 방"으로 상징되는 공간은 그저 허름한 방만을 의미하지 않는다. 이는 가족의 유대 공간이며,

자신의 존재성을 드러내는 공간이기 때문이다. 그렇기 때문에 지난 날 자신의 어머니를 요양병원에 입원시키려 했던 것을 후회하고 있는 것이다.

「요양병원」에서 늙고 병든 부모를 자곡과 분리시키려고 하는 의식을 보여주고 있는 반면 「순결한 콩팥」에서는 부모와 자식이 하나가 되고자 한다.

링거 주렁주렁 매달린 폴대 끌고
사람 틈새
몸 비틀어 발 옮기던 소년
통로 끝 쭈그려 앉아
단전을 움켜쥔다

검게 타들어가는 입 닫힌 촛불 향해
순결한 콩팥 하날 떼어드린 포상인가
길 떠나 낯 선 담벼락 아래
신음 뱉는 고양이처럼

칸막이 닫고 숨 녹이는
생명들 틈 사이로
시간에 갇힌 시간을 움츠려 채굴하며
아비가 건넨 쇠사슬
밤 껏 녹여낸다

-「순결한 콩팥」 전문

"링거 주렁주렁 매달린 폴대 끌고/사람 틈새/몸 비틀

어 발 옮기던 소년"은 치명적인 병에 걸린 아버지께 자신의 콩팥을 떼어줬나 보다. 링거를 매달고 병원 통로를 다니다가 "통로 끝 쭈그려 앉아/단전을 움켜"쥐며 고통스러워 하고 있지만, 소년에게 이 고통을 고통이 아닐 것이다. "검게 타들어가는 입 닫힌 촛불 향해/순결한 콩팥 하날 떼어드린 포상"이기 때문이다. 아버지의 병을 방치하면 아버지가 생명을 잃을 절체절명의 시간을 되돌리고 얻은 통증은 한 생명을 살려냈다는 증표가 되기 때문이다. 콩팥을 떼어준 소년의 용기나 사랑이 자신에게 생명의 끈을 있게 해 준 아버지께 되돌려준 것은 "칸막이 닫고 숨 녹이는/생명들 틈 사이로/시간에 갇힌 시간을 움츠려 채굴"하였으니 이는 "아비가 건넨 쇠사슬/밤 껏 녹여"내는 일인 것이다.

다음의 「푸른 눈의 후예」에서는 생명의 의미를 보다 내밀하게 사색하는 시인의 사색이 아프게 각인되어 있다.

> 작은 망막 상형문자로 글씨들 새긴다
> 낯 선 사슴 목에 떨어지는 빗방울 같이
> 입과 귀 어둠 밝히는
> 하얀 청진기 소리
>
> 산다는 게 전선줄 앉아 벌이는 도박이고
> 내일은 오늘의 철새가 지려놓은
> 처마 밑 배설물이란 걸
> 차마 알지 못했다

…중략…

바닷물 길어 조립된
원죄 묻은 푸른 눈,
해진 마스크 위로 햇살 한 올 스치면
한 번도 본 적 없는 태양
창밖 그늘 보며 새긴다

-「푸른 눈의 후예」 중에서

몹쓸 병에 걸린 아이의 투병하는 모습이 참으로 고통스럽고 안타깝고 칼로 뼈를 도려내듯 그려내고 있다. 의사가 청진기를 어린 아이의 몸에 대고 심장의 맥박소리를 듣는다. 거칠지만 여전히 뛰고 있는 심장의 박동소리가 들렸을 것이다. 그러나 멈춰버릴지도 모르는 심장 뛰는 소리이다. 소아암에 걸려 하루하루 고통스럽게 살아가고 있는 아이에게 "산다는 게 전선줄 앉아 벌이는 도박" 같은 것일지도 모른다. 그래서 내일을 기약하기 힘든 절망적인 오늘의 관점에서 바라보면 "내일은 오늘의 철새가 지려놓은/처마 밑 배설물이란 걸/차마 알지 못"할 수밖에 없는 희망이 없는 시간들이다. 소아암에 걸린 부모의 심정은 새벽에 교회에서 종소리가 들려오면 십자가를 붙안고 절박한 심정으로 기도를 하지 않을 수 없었을 것이다.

이 작품 전반에 절망의 그림자가 검게 드리우고 한숨이 배어있지만, "해진 마스크 위로 햇살 한 올 스치면" 그것이 희망인 양, 생명의 끄나풀인 양 붙잡으려 한다. 그렇기 때문에 "한 번도 본 적 없는 태양/창밖 그늘 보며 새기는 것이다. 작품 기저에 한숨과 더불어 시인의 연민이 깊게 스며있는 이 작품에서 시인은 우리 사회의 약자인 병든 아이의 모습을 독자들에 각인시킴으로 해서 관심을 유도하려는 것이리라.

지난 해 우리나라는 세월호 침몰로 인해 큰 충격과 더불어 슬픔에 빠졌다. 이 사건을 통해 우리 사회 시스템의 문제와 더불어 생명성에 대해 보다 내밀하게 생각하는 계기를 마련하였다. 「세월호 바다에서」는 이러한 문제의식을 독자에게 하나의 질문으로 던지고 있다.

어느 봄 서남단의 바다에 갔었다

바다에 이상하니 갈매기가 없다
바다에 이상하니 사람이 하나도 없다
바다에 이상하니 배가 한 척도 없다
바다에 이상하니 등대 불이 없다
바다에 이상하니 시퍼런 물은 없다
바다에 이상하니 떠도는 파도가 없다
…중략…
몇 천 명이 불러도 응답 없는 그 바다
탄 사람 많이 있다는데 내린 사람은 없는 바다
깜깜한 바다 밤만 끝없이 흐르는 바다
배 한척만 물 밑에 기다린다는 바다
기다림을 공포와 절망으로 채워주는 바다

있어야할 게 없는 것이 너무나 많은 바다
…하략…

-「세월호 바다에서」 중에서

매우 상식적이지만 바다에는 갈매기가 있고, 배가 있고, 등대가 있고, 바닷물이 있고, 파도가 있다. 그런데 "어느 봄 서남단의 바다에"는 갈매기가 없고, 배가 없고, 등대가 없고, 바닷물이 없고, 파도가 없다. 그리고 사람조차 없다. 이상한 바다는 "몇 천 명이 불러도 응답 없는 그 바다/탄 사람 많이 있다는데 내린 사람은 없는 바다/깜깜한 바다 밤만 끝없이 흐르는 바다/배 한척만 물 밑에 기다린다는 바다/기다림을 공포와 절망으로 채워주는 바다"이다. 이는 이상한 바다이기 때문에 가능한 일이다. 그렇다면 왜 이상한 바다가 되었을까. 배가 침몰하고 있을 때 어른들은 기다리라고 했다. 기다리라는 말은 구조해주겠다는 뜻이다. 그런데 어른들의 말에 얌전히 순종한 아이들은 살아서 돌아가지 못했다. 세월호 사건이 터진 후 우리는 세월호가 침몰하게 된 과정을 샅샅이 알게 되었다. 세월호 침몰이라는 특정 사고에 대해서 뿐만 아니라 세월호라는 배가 다름아닌 우리 국가를 나타내는 은유임도 알게 되었다. 이 작품에서 시인은 우리 사회가 안고 있는 구조적인 모순과 부조리를 드러내고 그것을 극복해야 하는 과제를 지니고 있음을 뼈아프게 질문하고 있다.

전학춘 시조시집
직선적 발자국

2015년 8월 10일 인쇄
2015년 8월 15일 발행

지은이 | 전 학 춘
펴낸이 | 강 경 호
기획 · 인쇄 | (주)시와사람
등 록 | 1994년 6월 10일 제 05-01-0155호
주 소 | 광주시 동구 백서로 125번길 32-5 (금동 8-1)
전 화 | (062)224-5319
팩 스 | (062)225-5319
E-mail | jcapoet@hanmail.net

ISBN 978-89-5665-427-0 03810

값 8,000원

공급처 ■ 한국출판협동조합
경기도 파주시 탄현면 오금리 202번지
주문전화 (02)716-5616, 070-7119-1740